Cristina Herrero Cuadrado

APULEYO EDICIONES   FOMENTO DE VALORES   CUENTOS ILUSTRADOS

MIA
Y EL JUEGO DE
LOS DIENTES

APULEYO EDICIONES   FOMENTO DE VALORES   CUENTOS ILUSTRADOS

Mía es una niña de cuatro años que no le gustaba lavarse los dientes. Cada noche, cuando su mamá y su papá le decían que era hora de ir al baño a cepillarse los dientes, ella se negaba y se escondía debajo de las sábanas.

—No quiero lavarme los dientes —dijo Mía—. Es aburrido y me hace cosquillas.

—Mía, tienes que lavarte los dientes todos los días —le explicó su mamá—. Si no lo haces, se te pueden poner malos y te dolerán mucho.

—Además, lavarse los dientes puede ser muy divertido —añadió su papá—. ¿Sabes que hay un juego que puedes hacer mientras te cepillas?

—¿Un juego? —preguntaba Mía con curiosidad.

—Sí, un juego muy divertido. Se llama el juego de las caras —dijo su papá—. Consiste en hacer diferentes expresiones con la boca mientras te cepillas los dientes. Por ejemplo, puedes hacer una cara de enfado, una cara de sorpresa, una cara de risa, una cara de miedo...

—¿Y eso para qué sirve? —preguntaba Mía.

—Pues sirve para limpiar bien todos los rincones de tu boca y para ejercitar los músculos faciales —respondió su mamá—. Y también para pasarlo bien y reírse un rato.

—¿Y cómo se juega? —preguntaba Mía.

—Pues es muy fácil. Solo tienes que seguir las instrucciones que te vamos a dar —decía su papá—. Pero antes tienes que escoger el cepillo y una pasta de dientes que te gusten.

Mía se levantó de la cama y fue al baño con sus padres. Allí había varios cepillos de colores y formas diferentes. Escogió uno azul clarito y su pasta de fresa.

—Muy bien, Mía. Ahora pon un poco de pasta en tu cepillo y mójalo un poco con agua —le dijo su mamá—. Luego, empieza a cepillarte los dientes con movimientos horizontales; desde las encías hasta el borde de los dientes.

—Vale, mamá —dijo Mía y siguió sus indicaciones.

—Ahora vamos a empezar el juego —dijo su papá—. Primero,
haz una cara de enfado mientras te cepillas los dientes.

Mía frunció el ceño y apretó los labios mientras tenía el cepillo dentro de la boca.
Su papá le hizo una foto con la cámara Polaroid que tenían de cuando mamá era joven.

—Muy bien, Mía. Ahora haz una cara de sorpresa mientras te cepillas los dientes —dijo su papá.

Mía abrió mucho los ojos y la boca mientras sujetaba el cepillo con su mano derecha a la altura de su oreja. Su mamá le hizo otra foto con la cámara.

—Muy bien, Mía. Ahora haz una cara de risa mientras te cepillas los dientes —dijo su papá.

Mía se puso de puntillas y alzándose al lavabo, se acercó al espejo enseñando los dientes mientras sostenía en su mano derecha el cepillo. Su papá le hizo otra foto con la cámara.

—Muy bien, Mía. Ahora haz una cara de miedo mientras te cepillas —dijo su papá.

Mía puso una expresión de terror y se tapó la boca con la mano mientras se cepillaba los dientes. Su mamá le hizo otra foto con la cámara.

—Muy bien, Mía. Has terminado el juego —dijo su papá—. Ahora solo tienes que enjuagarte la boca con agua y escupir la pasta en el lavabo.

Mía hizo lo que le dijo su papá y luego se miró al espejo.
Sus dientes estaban limpios y brillantes.

—¿Qué tal, Mía? ¿Te ha gustado el juego? —le preguntó su mamá.

—Sí, me ha gustado mucho —dijo Mía—. Ha sido muy divertido hacer esas caras tan raras y mis dientes están muy bonitos.

—Me alegro, Mía —dijo su mamá—. Verás como si te lavas los dientes todos los días, tendrás una sonrisa preciosa y una boca sana.

—Y además, podrás ver las fotos que te hemos hecho y reírte de nuevo —dijo su papá—. Mira, aquí están.

Su papá le enseñó todas las fotos que habían salido de la cámara a Mía y se echó a reír al ver sus caras tan graciosas.

—Qué divertido —dijo Mía—. Quiero hacerlo otra vez mañana.

—Claro, Mía. Mañana puedes hacerlo otra vez —dijo su mamá—. Y también puedes inventar otras caras nuevas.

—Vale, mamá —dijo Mía—. Gracias por enseñarme este juego.

—De nada, Mía. Te queremos mucho —dijeron sus padres y le dieron un beso.

Mía se fue a la cama feliz y contenta. Se había divertido mucho con el juego de las caras y había aprendido la importancia de lavarse los dientes. Y lo mejor de todo es que sabía que al día siguiente podría volver a jugar con sus padres y hacer más caras divertidas.

© Cristina Herrero Cuadrado (de la obra)
©Apuleyo Ediciones (de esta edición)
Primera edición en Apuleyo Ediciones: abril 2024
Diseño de cubierta: Sofía Corzo González
Corrección: Lorena Maestre Gregori
Maquetación: Domingo Carrasco Martín
Ilustraciones: Lina María Molina
Coordinación editorial: Isidoro Cidre González
info@apuleyoediciones.com
www.apuleyoediciones.com
ISBN: 978-84-1060-026-3
Depósito legal: H 631-2023

MIA
Y EL JUEGO DE
LOS DIENTES

APULEYO EDICIONES   FOMENTO DE VALORES   CUENTOS ILUSTRADOS

Cristina Herrero Cuadrado

APULEYO EDICIONES   FOMENTO DE VALORES   CUENTOS ILUSTRADOS